ODE

A MONSIEVR CHAPELAIN
SVR LES VICTOIRES
DE
MONSEIGNEVR
LE DVC
D'ANGVIEN.

A PARIS,
Chez la Veuue IEAN CAMVSAT,
ET
PIERRE LE PETIT, ruë Saint Iacques,
à la Toyson d'Or.

M. DC. XLVII.
AVEC PRIVILEGE DV ROY.

ODE
A MONSIEVR CHAPELAIN
SVR LES VICTOIRES
DE
MONSEIGNEVR
LE DVC
D'ANGVIEN.

FAMEVX *Virgile de la France*,
Celebre ornement de nos iours,
Qui du Pinde, & de ses destours
As vne entiere connoissance;
Toy, sur qui les sçauantes Sœurs
Respandent à l'enuy leurs plus riches faueurs,
CHAPELAIN, trouue bon, que ma foible musette
Sortie à peine des deserts
Interrompe le bruit de ta haute trompette,
Pour te faire escouter ses rustiques concerts.

A ij

L'inuincible ANGVIEN, *dont la gloire*
Par tant d'illustres actions,
Des Cesars, & des Scipions
Estouffe desia la memoire;
Non content, que dans tes beaux vers
On ait veu son grand Nom courir tout l'Vniuers,
Force ma ieune Muse à luy donner ses veilles,
M'encourage, & veut, qu'aujourd'huy
L'Europe mette au rang de ses rares merueilles
Celle de m'exciter à bien parler de luy.

※

Si ie cheris la violence,
Qu'à mon esprit font ces hauts faits,
La peur de tomber sous le faix
M'estonne, & me tient en balance;
Ce beau projet remply d'appas
Presente sous des fleurs vn abisme à mes pas,
Si i'ay beaucoup de cœur, ie connoy ma foiblesse;
Mais l'ardeur, qui me vient saisir,
Qui m'échauffe, & m'engage, & me pousse, & me presse,
De crainte tout glacé, me brûle de desir.

Dans un lieu desert, mais superbe
De l'honneur, qu'il eut autrefois
D'entendre resonner ses bois
Des premiers airs du grand Malherbe;
La Muse, qui me conduisoit,
Qui de l'art d'Apollon ma ieunesse instruisoit
Mille fois de ton chant me vanta l'harmonie,
Et trop foible pour mon dessein
Auec confusion m'apprist, que ton Genie,
Mieux qu'elle, d'un beau feu pouuoit remplir mon sein.

※※※

C'est luy, dit-elle, dont la veine
Ne doit couler que pour les Rois,
Qui pour chanter les hauts exploits
Puise à grands traits dans l'Hypocrene;
C'est luy, dont les inuentions
Donnent le dernier lustre aux belles actions
Sçauent vaincre l'oubly, triompher des années,
Esleuer un mortel aux Cieux,
Annoblir d'un Heros les grandes destinées,
Et le placer viuant à la table des Dieux.

Pour ANGVIEN il est tout de flame,
Souuiens-toy, que pour le gagner,
C'est assez de luy tesmoigner,
Qu'vn mesme feu brûle ton ame;
Croy, que ton desir est si beau,
Qu'au lieu de mespriser ton foible chalumeau,
Il en joindra le son aux accents de sa lyre,
En reglera tous les accords,
Te fera voir le Dieu, qui l'instruit, & l'inspire,
Et conduira ta voix en ses ieunes efforts.

※

C'est auecque cette asseurance,
Que de zele tout enflamé
Pour le projet, que i'ay formé,
Ie demande ton asistance;
Fay donc voir, qu'auec equité
Au fonds de nos deserts, vne Diuinité
De ton rare sçauoir m'a rendu ces oracles;
Monstre par de dignes effets,
Qu'auec iuste raison ie promets des miracles,
Quand ie te prends pour guide au dessein que ie fais.

Aplaudis à ma ieune audace,
Inimitable CHAPELAIN,
Guide mes pas, conduy ma main,
Esleue moy sur le Parnasse;
Là par des sentiers reculez,
Mais de tes pas hardis incessamment foulez,
A son double sommet fais penetrer mon ame;
Sollicite, & presse Apollon
De me faire sentir la chaleur, qui t'enflame
Quand tu veux trauailler pour le sang de BOVRBON.

Qui doute, en l'ardeur qui m'anime
Qu'instruit de tes doctes Leçons,
Ie n'entonne dans mes chansons
Vn air, & charmant, & sublime;
Le recit des fameux combats
Par qui ce grand Heros a mis l'Espagne à bas,
Sera de mes trauaux la matiere & le lustre;
Et tous ses miracles diuers,
Qui n'ont rien, que de grand, qui n'ont rien, que d'illustre,
Ne pouuant s'abbaisser releueront mes vers.

Non, *que dans mon aprentissage*
Ie veüille, que par ton conseil,
Dans vn ouurage au tien pareil
D'abord ma ieunesse s'engage;
Que pour coup d'essay glorieux,
I'ose desia chanter son nom victorieux
Dans quelque Borbonide aux siecles immortelle,
Et ramassant tous ses exploits,
Donner vn digne Frere à ta noble Pucelle,
Qui dompte l'Espagnol, comme elle fit l'Anglois.

Mais tel, qu'au Printemps Philomele
De ses petits regle les Airs,
Et de ses rauissans concerts
Leur propose vn diuin modele;
Hausse, & flechit leurs mouuemens,
Leur aprend à pousser ces doux gemissemens,
Ces soûpirs enchanteurs, ces plaintes amoureuses,
Et leur forme enfin cette voix,
Qui donne de l'enuie aux plus harmonieuses,
Et nous fait mespriser les musiques des Rois.

Tantost

Tantost tu me feras décrire,
Dans quelque Hymne bien concerté,
Son adorable Majesté,
Qui soûmet tout à son Empire;
L'éclat de ses charmes vainqueurs,
Ce port, qui chaque iour luy gagne tant de cœurs,
Cét air de Souuerain, cét attrayant visage,
Dont le pouuoir auantageux
Rangeroit sous ses loix l'ame la plus sauuage,
Et de ses Ennemis arracheroit des vœux.

Echauffé de ta mesme flame,
Ie chanteray par quels accords
Le Ciel a joint aux biens du corps,
Les richesses d'vne belle ame;
Ie loüray son diuin esprit,
Qu'Apollon esleua, que Minerue nourrit,
Que de leurs plus beaux Arts les Muses enrichirent;
O que d'illustres ornemens
Doiuent auoir les vers, que ses charmes inspirent
Quand ils sont secondez de tes enseignemens!

Apres dans quelque œuure durable,
Ie celebreray ſes vertus,
Par qui les vices abbatus
Trouuent ſon cœur impenetrable;
Sa prudence, ſon equité,
Sa bonté, ſa douceur, ſa generoſité,
Les nobles qualitez, par qui cét autre Hercule
S'eſleue iuſques dans les Cieux,
Rend noſtre âge étonné, le futur incredule,
Et des ſiecles paſſez, les Heros enuieux.

※※※

Mon ſtyle dans ce grand ouurage
Aux grandes choſes eſleué,
Pour chef-d'œuure s'eſt reſerué,
Et ſa valeur, & ſon courage;
C'eſt alors qu'il prendra l'eſſor,
Que tu me permettras d'emboucher le grand Cor,
Dont tu fais retentir les actes heroïques;
Et c'eſt alors, que l'Vniuers
Reſonnera par tout de mes nobles Cantiques,
Et les verra chanter par cent peuples diuers.

Ma Muse si bien exercée
Ne doutera plus desormais,
D'entreprendre de ses hauts faits
La gloire au Firmament poussée ;
Que n'apprendray-je pas de toy,
Lors que ie chanteray ce grand iour de Rocroy,
Où son bras se fraya le chemin des conquestes ;
Où l'Espagne par tant de morts,
De son fier Gerion vid les superbes testes
Tomber sous la vigueur de ses premiers efforts.

Par qui voit-on nos villes pleines
De leurs escadrons mutilez,
Et leurs Regimens depeuplez
De leurs plus sages Capitaines,
La deliurance des Germains,
La Flandre sous le joug, l'Artois entre nos mains,
Si loin de tous costez la frontiere estenduë,
L'asseurance de nos Estats,
L'Austriche espouuantée, & l'Espagne esperduë,
Que par autant d'effets de ses fameux combats.

B ij

Enfin s'il permet, que ie loüe
Ces grands trauaux dignes du tien,
Fay, que ma voix ne chante rien,
Que son merite desauoüé:
Du vaillant Mercy terracé,
Du Bauarois deffait, & tant de fois chassé,
Fay qu'auecque succés i'entonne les Histoires;
Et par d'inefaçables traits,
Fay que dans mes chansons de ses grandes victoires,
Ie laisse à nos neueux les augustes portraits.

※※※

Dans ce labeur plein de merueilles,
Si iamais, diuin CHAPELAIN,
Tu me daignes prester la main,
Que ie pretends charmer d'oreilles;
O que mes vers auront d'appas,
Lors que i'y mesleray tous ses autres combats,
Le destin de Fribourg, de Mayence, & de Spire;
Mais pour en parler dignement,
Il faut, qu'auparauant ton Apollon m'inspire,
Par quels charmes vn vers dure eternellement.

Doncques de ta haute science
Daigne mon esprit éclairer,
Et ne me fais plus soûpirer
Dans mon illustre impatience;
Si tu contentes mon espoir,
I'ose tout presumer de mon peu de sçauoir,
Et veux sans me flatter d'vn penser trop superbe,
Faire dire à tout l'Vniuers,
Qu'encore vne fois L'ORNE, a vû naître vn MALHERBE,
Et comme luy par tout faire admirer mes vers.

DE SEGRAIS.

www.ingramcontent.com/pod-product-compliance
Lightning Source LLC
Chambersburg PA
CBHW061626040426
42450CB00010B/2690